The Fado Song on Saudade Street: Bilingual Portuguese-English Short Stories for Portuguese Language Learners

Coledown Bilingual Books

Published by Coledown Bilingual Books, 2023.

While every precaution has been taken in the preparation of this book, the publisher assumes no responsibility for errors or omissions, or for damages resulting from the use of the information contained herein.

THE FADO SONG ON SAUDADE STREET: BILINGUAL PORTUGUESE-ENGLISH SHORT STORIES FOR PORTUGUESE LANGUAGE LEARNERS

First edition. October 8, 2023.

Copyright © 2023 Coledown Bilingual Books.

ISBN: 979-8223258339

Written by Coledown Bilingual Books.

Table of Contents

Os Mistérios de Calçada de Estrelas

Era um dia ensolarado em Lisboa quando Ana Maria Santos, uma mulher de meia-idade com olhos que brilhavam como o Tejo ao pôr do sol, decidiu fazer uma pausa na sua rotina diária. Ela era uma bibliotecária aposentada que vivia sozinha num pequeno apartamento de azulejos antigos, com vista para uma calçada de pedra desgastada pelo tempo. Embora muitas pessoas a considerassem uma mulher comum, Ana Maria tinha um dom especial que lhe permitia ver coisas que a maioria das pessoas não conseguia.

Naquela tarde, enquanto Ana Maria caminhava pelo bairro histórico de Alfama, seu olhar foi atraído para uma loja de antiguidades que ela nunca havia notado antes. A vitrine estava repleta de objetos curiosos: relógios antigos, livros empoeirados, bonecas de porcelana e, no centro, um espelho antigo com moldura de madeira escura. Ana Maria sentiu uma estranha conexão com o espelho e decidiu entrar na loja.

O sino da porta tilintou quando Ana Maria entrou, e um homem idoso, com cabelos brancos e um sorriso amigável, surgiu atrás do balcão. Seu nome era Sr. Garcia, e ele era o dono da loja de antiguidades há muitos anos. Ana Maria sentiu que havia algo de especial naquele lugar e começou a conversar com o Sr. Garcia sobre os objetos em exposição.

Enquanto examinava um antigo diário de viagem, Ana Maria teve uma visão fugaz de um navio a vapor que navegava pelo

Tejo no século XIX. Ela viu rostos desconhecidos sorrindo para ela e sentiu o cheiro do mar salgado. Surpresa, Ana Maria se afastou do diário e olhou para o Sr. Garcia, que a observava com interesse.

"Você tem o dom, não é? O dom de ver o passado", disse o Sr. Garcia em um sussurro.

Ana Maria acenou com a cabeça, ainda atordoada pela visão que acabara de experimentar. Ela havia mantido seu dom em segredo por anos, com medo do que os outros poderiam pensar. Mas agora, diante do Sr. Garcia, sentiu-se à vontade para compartilhar sua habilidade.

O dono da loja de antiguidades revelou que ele próprio tinha um dom semelhante. Ele podia sentir a energia e a história por trás de cada objeto antigo que passava por suas mãos. Juntos, Ana Maria e Sr. Garcia começaram a explorar o estoque da loja em busca de objetos que os transportassem para o passado.

Eles descobriram um antigo medalhão de prata que os levou a uma festa de máscaras no século XVIII, uma chave de bronze que os transportou para os corredores de um palácio abandonado e uma pintura a óleo que os levou a uma rua animada de Lisboa no início do século XX.

À medida que Ana Maria e Sr. Garcia exploravam o passado através desses objetos, eles também descobriram segredos e mistérios escondidos nas dobras do tempo. Eles resolveram um antigo enigma envolvendo um tesouro perdido e ajudaram almas perdidas a encontrar a paz.

À medida que sua amizade crescia, Ana Maria e Sr. Garcia perceberam que seus dons eram um presente para a cidade de Lisboa. Eles decidiram abrir uma pequena exposição na loja de antiguidades, onde as pessoas poderiam vir e experimentar o passado de forma única e mágica.

A notícia da exposição se espalhou rapidamente, e pessoas de toda a cidade vieram visitar a loja de antiguidades de Ana Maria e Sr. Garcia. Cada objeto revelava uma história diferente, e cada visita era uma viagem no tempo.

E enquanto Ana Maria e Sr. Garcia continuavam sua busca por objetos especiais, eles sabiam que a cidade de Lisboa estava repleta de histórias esperando para serem descobertas e compartilhadas com o mundo. E assim, eles continuaram a escrever os capítulos infindáveis da história mágica de Lisboa.

The Mysteries of Starry Sidewalk

It was a sunny day in Lisbon when Ana Maria Santos, a middle-aged woman with eyes that shone like the Tagus River at sunset, decided to take a break from her daily routine. She was a retired librarian who lived alone in a small apartment with ancient tiles, overlooking a cobblestone sidewalk weathered by time. Although many people considered her an ordinary woman, Ana Maria had a special gift that allowed her to see things most others couldn't.

That afternoon, as Ana Maria strolled through the historic neighborhood of Alfama, her gaze was drawn to an antique shop she had never noticed before. The storefront was filled with curious objects: antique clocks, dusty books, porcelain dolls, and in the center, an ancient mirror with a dark wooden frame. Ana Maria felt a strange connection to the mirror and decided to step inside the shop.

The doorbell tinkled as Ana Maria entered, and an elderly man with white hair and a friendly smile appeared behind the counter. His name was Mr. Garcia, and he had owned the antique shop for many years. Ana Maria sensed there was something special about this place and began to chat with Mr. Garcia about the items on display.

As she examined an old travel journal, Ana Maria had a fleeting vision of a steamship sailing on the Tagus River in the 19th century. She saw unfamiliar faces smiling at her and smelled the salty sea air. Startled, Ana Maria stepped away from the journal and looked at Mr. Garcia, who watched her with interest.

"You have the gift, don't you? The gift of seeing the past," Mr. Garcia said in a whisper.

Ana Maria nodded, still stunned by the vision she had just experienced. She had kept her gift a secret for years, afraid of what others might think. But now, in front of Mr. Garcia, she felt comfortable sharing her ability.

The owner of the antique shop revealed that he, too, had a similar gift. He could sense the energy and history behind every antique object that passed through his hands. Together, Ana Maria and Mr. Garcia began to explore the shop's inventory in search of objects that would transport them to the past.

They discovered an old silver locket that took them to an 18th-century masquerade ball, a bronze key that transported them to the hallways of an abandoned palace, and an oil painting that led them to a bustling street in early 20th-century Lisbon.

As Ana Maria and Mr. Garcia explored the past through these objects, they also uncovered secrets and mysteries hidden in the folds of time. They solved an ancient riddle involving a lost treasure and helped lost souls find peace.

As their friendship grew, Ana Maria and Mr. Garcia realized that their gifts were a gift to the city of Lisbon. They decided to open a small exhibition in the antique shop where people could come and experience the past in a unique and magical way.

The news of the exhibition spread quickly, and people from all over the city came to visit Ana Maria and Mr. Garcia's antique shop. Each object revealed a different story, and each visit was a journey through time.

And as Ana Maria and Mr. Garcia continued their quest for special objects, they knew that the city of Lisbon was full of stories waiting to be discovered and shared with the world. And so, they continued to write the endless chapters of Lisbon's magical history.

O Enigma da Casa na Colina

Era uma noite escura e tempestuosa na pequena cidade de Serra do Vale, aninhada entre montanhas cobertas de pinheiros. A chuva caía torrencialmente, criando um tamborilar constante nas janelas de casas aconchegantes. Na extremidade da cidade, erguia-se uma colina, na qual repousava uma casa antiga e misteriosa.

Esta casa na colina era conhecida por todos como a "Casa da Solidão". Havia décadas que ninguém a via ocupada, e rumores sobre assombrações e segredos guardados corriam de boca em boca. Mas naquela noite, alguém se aventurou a subir a colina.

Foi Clara, uma jovem intrépida e curiosa, cuja paixão era desvendar enigmas. Com sua lanterna em mãos e um casaco impermeável, ela enfrentou a tempestade e subiu a colina em direção à Casa da Solidão. Seu coração batia rápido, mas a promessa de um enigma atraente a impulsionava.

Ao entrar na casa, Clara sentiu uma corrente de ar frio que percorria os corredores. Ela iluminou os cômodos empoeirados e encontrou retratos antigos que pareciam olhar para ela com olhos sem vida. Mas o que realmente chamou sua atenção foi um antigo piano de cauda no salão principal.

Ela se aproximou do piano e notou que as teclas estavam cobertas de poeira. Clara removeu a poeira com cuidado e, então, começou a tocar uma melodia suave e misteriosa que parecia emanar do próprio instrumento. Enquanto tocava, Clara percebeu que as paredes da casa começaram a sussurrar segredos há muito tempo esquecidos.

A melodia a conduziu até um retrato antigo na parede. Era a imagem de uma mulher com um sorriso triste nos lábios e olhos que pareciam conter inúmeras histórias. Clara se aproximou do quadro e notou que ele estava solto na parede. Ela o retirou com cuidado e encontrou um envelope escondido atrás dele.

Dentro do envelope, havia uma carta amarelada e frágil. Era uma carta de amor escrita há décadas por alguém chamado Ricardo. Ele confessava seu amor eterno por uma mulher chamada Isabela e mencionava um local secreto no jardim onde ele havia escondido algo valioso.

Clara não perdeu tempo. Ela seguiu as instruções da carta e chegou ao jardim escuro e úmido. Com sua lanterna, ela começou a cavar na terra e, para sua surpresa, encontrou uma caixa de metal enferrujada. Dentro dela, havia uma coleção de cartas de amor, fotografias antigas e um medalhão de prata gravado com as iniciais "R" e "I".

Clara sabia que havia descoberto algo precioso, algo que contava a história de um amor perdido no tempo. Ela se dedicou a pesquisar a vida de Ricardo e Isabela, e ao longo de meses, desvendou sua história de amor proibido que atravessou gerações.

A história de Ricardo e Isabela, que tinha sido oculta na Casa da Solidão, agora era compartilhada com a cidade de Serra do Vale.

Clara transformou a casa em um museu dedicado ao amor e aos mistérios do passado.

Assim, a "Casa na Colina" deixou de ser um lugar de medo e se tornou um símbolo de esperança e descoberta. Clara continuou a desvendar enigmas e a preservar as histórias esquecidas, lembrando a todos que, mesmo nas noites mais sombrias, a luz da curiosidade e da paixão pode iluminar o caminho para a verdade.

The Enigma of the House on the Hill

It was a dark and stormy night in the small town of Valley Ridge, nestled amidst pine-covered mountains. The rain fell heavily, creating a constant drumming on the windows of cozy houses. At the edge of town, there stood a hill, upon which rested an old and mysterious house.

This house on the hill was known to all as the "House of Solitude." It had been decades since anyone had seen it occupied, and rumors of hauntings and guarded secrets circulated among the townsfolk. But on that night, someone ventured up the hill.

It was Clara, a fearless and curious young woman whose passion was unraveling mysteries. With her flashlight in hand and a waterproof coat, she braved the storm and ascended the hill towards the House of Solitude. Her heart beat fast, but the promise of an intriguing puzzle drove her forward.

Upon entering the house, Clara felt a cold draft sweeping through the corridors. She illuminated the dusty rooms and found old portraits that seemed to stare at her with lifeless eyes. But what truly caught her attention was an antique grand piano in the main hall.

She approached the piano and noticed that its keys were covered in dust. Clara carefully cleared away the dust and then began to play a soft and mysterious melody that seemed to emanate from the very instrument. As she played, Clara realized that the walls of the house began to whisper long-forgotten secrets.

The melody led her to an old portrait on the wall. It was the image of a woman with a sad smile on her lips and eyes that seemed to hold countless stories. Clara approached the frame and noticed that it was loose on the wall. She removed it carefully and found an envelope hidden behind it.

Inside the envelope was a yellowed and fragile letter. It was a love letter written decades ago by someone named Ricardo. He confessed his eternal love for a woman named Isabela and mentioned a secret spot in the garden where he had hidden something valuable.

Clara wasted no time. She followed the instructions in the letter and arrived in the dark and damp garden. With her flashlight, she began to dig in the earth, and to her surprise, she unearthed a rusty metal box. Inside it, there was a collection of love letters, old photographs, and a silver locket engraved with the initials "R" and "I."

Clara knew she had discovered something precious, something that told the story of a love lost to time. She dedicated herself to researching the lives of Ricardo and Isabela, and over the course of months, unraveled their forbidden love story that spanned generations.

The story of Ricardo and Isabela, hidden away in the House of Solitude, was now shared with the town of Valley Ridge. Clara transformed the house into a museum dedicated to love and the mysteries of the past.

Thus, the "House on the Hill" ceased to be a place of fear and became a symbol of hope and discovery. Clara continued to unravel puzzles and preserve forgotten stories, reminding everyone that even on the darkest nights, the light of curiosity and passion can illuminate the path to truth.

A Canção do Fado na Rua da Saudade

Em uma noite quente de verão em Lisboa, a lua erguia-se no céu, iluminando as ruas estreitas e as fachadas cobertas de azulejos. Em uma das vielas mais antigas da cidade, conhecida como a "Rua da Saudade," havia um pequeno restaurante chamado "A Casa do Fado." Este lugar modesto era um refúgio para os amantes do fado, a canção triste que contava as histórias da cidade e de seus habitantes.

O restaurante era gerido por Dona Amélia, uma mulher de cabelos prateados e voz suave que tinha o fado correndo em suas veias. Todas as noites, ela se apresentava no palco do restaurante, acompanhada por músicos talentosos que tocavam guitarra portuguesa e viola. Sua voz era comovente, cheia de emoção, e suas canções faziam os clientes se perderem em pensamentos profundos sobre amor e saudade.

Naquela noite, enquanto Dona Amélia cantava uma canção sobre um amor perdido, os olhos de um estranho na plateia brilharam com lágrimas. Seu nome era Miguel, um viajante solitário que tinha acabado de chegar a Lisboa. Ele estava encantado com a cidade e com o som do fado, que tocava seu coração de maneira profunda.

Após o espetáculo, Miguel se aproximou de Dona Amélia para agradecer pela bela apresentação. Os dois começaram a conversar e logo descobriram que compartilhavam uma paixão pelo fado e pela cidade de Lisboa. Miguel era um escritor em busca de inspiração, e Dona Amélia tinha histórias incontáveis para contar.

Dona Amélia convidou Miguel para voltar à "A Casa do Fado" nas noites seguintes e prometeu compartilhar com ele as histórias por trás das canções que cantava. Miguel aceitou o convite com gratidão e ansiedade.

Nas semanas que se seguiram, Miguel voltou ao restaurante todas as noites. Ele ouviu as histórias de amor e tristeza, de saudades que perduravam por gerações, de amores não correspondidos e de sonhos realizados. Cada história inspirou Miguel a escrever, e ele começou a criar contos que capturavam a essência do fado e a alma de Lisboa.

Enquanto isso, Dona Amélia e Miguel compartilhavam suas próprias histórias. Ela revelou como havia dedicado sua vida ao fado após a partida de seu grande amor, e Miguel contou sobre suas viagens pelo mundo em busca de inspiração literária. À medida que suas histórias se entrelaçavam, uma conexão profunda se formou entre eles.

Uma noite, sob o luar de Lisboa, Miguel presenteou Dona Amélia com um conto que havia escrito, inspirado em suas canções e em sua vida. Ela leu as palavras com lágrimas nos olhos e sorriu para Miguel. Eles entenderam que o fado não apenas unia suas vozes, mas também seus corações.

Com o tempo, Miguel terminou seu livro, uma coleção de contos que capturavam a essência do fado e a magia de Lisboa. Ele dedicou o livro a Dona Amélia, a musa que o havia inspirado.

"A Canção do Fado na Rua da Saudade" tornou-se um sucesso literário, e a história de Miguel e Dona Amélia, um tributo à cidade e à música que os uniu, era conhecida em todo o mundo.

Naquela pequena rua de Lisboa, a saudade e a paixão do fado continuaram a ecoar nas noites quentes de verão, lembrando a todos que, em Lisboa, o amor e a música estavam entrelaçados, prontos para cativar os corações daqueles que se atrevessem a ouvir.

The Fado Song on Saudade Street

On a warm summer night in Lisbon, the moon rose in the sky, illuminating the narrow streets and the facades adorned with azulejos. In one of the oldest alleys in the city, known as "Saudade Street," there was a small restaurant named "A Casa do Fado." This modest place was a haven for fado lovers, the melancholic song that told the stories of the city and its inhabitants.

The restaurant was run by Dona Amélia, a silver-haired woman with a soft voice who had fado running in her veins. Every night, she performed on the restaurant's stage, accompanied by talented musicians playing the Portuguese guitar and viola. Her voice was moving, filled with emotion, and her songs made customers drift into deep thoughts about love and longing.

On that night, as Dona Amélia sang a song about lost love, the eyes of a stranger in the audience glistened with tears. His name was Miguel, a solitary traveler who had just arrived in Lisbon. He was enchanted by the city and the sound of fado, which touched his heart deeply.

After the performance, Miguel approached Dona Amélia to thank her for the beautiful show. They started talking and soon discovered they shared a passion for fado and the city of Lisbon. Miguel was a writer in search of inspiration, and Dona Amélia had countless stories to tell.

Dona Amélia invited Miguel to return to "A Casa do Fado" in the following nights and promised to share with him the stories behind the songs she sang. Miguel accepted the invitation with gratitude and anticipation.

In the weeks that followed, Miguel returned to the restaurant every night. He listened to stories of love and sorrow, of longing that persisted for generations, of unrequited loves, and fulfilled dreams. Each story inspired Miguel to write, and he began to create tales that captured the essence of fado and the soul of Lisbon.

Meanwhile, Dona Amélia and Miguel shared their own stories. She revealed how she had dedicated her life to fado after the departure of her great love, and Miguel told about his travels around the world in search of literary inspiration. As their stories intertwined, a deep connection formed between them.

One night, under the moonlight of Lisbon, Miguel gifted Dona Amélia with a story he had written, inspired by her songs and her life. She read the words with tears in her eyes and smiled at Miguel. They understood that fado not only united their voices but also their hearts.

Over time, Miguel completed his book, a collection of stories that captured the essence of fado and the magic of Lisbon. He dedicated the book to Dona Amélia, the muse who had inspired him.

"The Fado Song on Saudade Street" became a literary success, and the story of Miguel and Dona Amélia, a tribute to the city and the music that brought them together, was known worldwide.

In that small street in Lisbon, the saudade and passion of fado continued to resonate on warm summer nights, reminding everyone that in Lisbon, love and music were intertwined, ready to captivate the hearts of those who dared to listen.

O Mistério do Farol de Cascais

Numa noite estrelada em Cascais, a brisa do Atlântico soprava suavemente pelas ruas da cidade à beira-mar. O farol de Cascais, uma estrutura imponente que há muito tempo guiava os navegantes através das perigosas águas, lançava seu brilho reconfortante sobre o oceano. No entanto, nesta noite em particular, algo incomum estava prestes a acontecer.

No farol, vivia um velho faroleiro chamado Manuel. Ele era conhecido por seu amor pela solidão e pela rotina tranquila de cuidar do farol. Manuel era um homem de poucas palavras, mas com um profundo respeito pelo oceano e pelas histórias que ele escondia.

Uma noite, enquanto fazia sua ronda rotineira, Manuel notou uma luz piscando em direção à costa. Isso era estranho, pois não deveria haver nenhum outro farol nas proximidades. Com preocupação, ele ajustou os binóculos e observou atentamente a luz intermitente.

A luz piscante parecia vir de um pequeno barco à deriva perto das rochas afiadas. Manuel, sem hesitar, desceu as escadas do farol e correu em direção ao barco. Lá, ele encontrou um jovem marinheiro chamado João, que parecia exausto e em estado de choque.

Manuel ajudou João a sair do barco e o levou de volta ao farol para se aquecer e se recuperar. Com o tempo, João começou a contar sua história. Ele era pescador e seu barco havia sido pego por uma tempestade repentina. Ele estava à deriva havia horas, perdido nas águas traiçoeiras.

Manuel ouviu atentamente, mas algo no relato de João o intrigou. O jovem mencionou que, durante a tempestade, viu uma luz misteriosa que o guiou em direção ao farol de Cascais. Ele não conseguia explicar de onde vinha aquela luz, pois não havia outros faróis nas proximidades.

Intrigado, Manuel decidiu investigar. Ele subiu ao topo do farol e olhou na direção da luz misteriosa. Para sua surpresa, viu um brilho suave emanando de uma caverna escondida nas falésias. Sem perder tempo, Manuel e João partiram em direção à caverna na manhã seguinte.

Quando entraram na caverna, ficaram maravilhados com o que viram. As paredes estavam cobertas de cristais que refletiam a luz do sol, criando um espetáculo de cores deslumbrante. No centro da caverna, havia um pequeno altar com uma estátua de Nossa Senhora dos Navegantes, uma santa venerada por marinheiros.

Era claro que a luz misteriosa que João havia visto era um reflexo dos raios de sol nos cristais da caverna, que se projetavam em direção ao mar. Manuel percebeu que esta descoberta poderia ser uma bênção para os navegantes, uma luz de esperança em meio à escuridão da tempestade.

Manuel e João compartilharam a descoberta com os habitantes de Cascais, e a caverna se tornou um local de peregrinação para marinheiros em busca de proteção. O farol de Cascais continuou a guiar os navegantes com sua luz firme e confiável, enquanto a luz da caverna oferecia conforto e esperança em momentos de perigo.

Assim, o mistério do farol de Cascais foi resolvido, e a cidade continuou a prosperar como um refúgio seguro para os amantes do mar e das histórias que ele guardava. E, para Manuel, a solidão do farol foi preenchida com a gratidão daqueles que ele havia salvado e a beleza da caverna que ele havia descoberto.

The Mystery of Cascais Lighthouse

On a starry night in Cascais, the Atlantic breeze gently swept through the streets of the seaside town. The Cascais Lighthouse, a towering structure that had long guided seafarers through treacherous waters, cast its comforting glow over the ocean. However, on this particular night, something unusual was about to happen.

In the lighthouse, lived an old lighthouse keeper named Manuel. He was known for his love of solitude and the quiet routine of tending to the lighthouse. Manuel was a man of few words but held a deep respect for the ocean and the stories it concealed.

One night, during his routine rounds, Manuel noticed a flickering light out towards the coast. This was strange because there shouldn't have been another lighthouse nearby. With concern, he adjusted his binoculars and closely observed the intermittent light.

The flickering light seemed to come from a small boat adrift near sharp rocks. Manuel, without hesitation, descended the lighthouse stairs and rushed towards the boat. There, he found an exhausted and shocked young sailor named João.

Manuel helped João out of the boat and brought him back to the lighthouse to warm up and recover. Over time, João began to tell his story. He was a fisherman, and his boat had been caught in a sudden storm. He had been adrift for hours, lost in treacherous waters.

Manuel listened attentively, but something in João's account intrigued him. The young man mentioned that during the storm, he had seen a mysterious light that had guided him towards the Cascais Lighthouse. He couldn't explain where that light had come from, as there were no other lighthouses nearby.

Intrigued, Manuel decided to investigate. He climbed to the top of the lighthouse and looked towards the mysterious light. To his surprise, he saw a soft glow emanating from a hidden cave in the cliffs. Without wasting time, Manuel and João set out for the cave the next morning.

When they entered the cave, they were amazed by what they saw. The walls were covered in crystals that reflected the sunlight, creating a dazzling display of colors. At the center of the cave, there was a small altar with a statue of Our Lady of Seafarers, a saint revered by sailors.

It was clear that the mysterious light that João had seen was a reflection of sunlight on the cave's crystals, which projected towards the sea. Manuel realized that this discovery could be a blessing for seafarers, a beacon of hope amid the darkness of the storm.

Manuel and João shared their discovery with the people of Cascais, and the cave became a place of pilgrimage for sailors seeking protection. The Cascais Lighthouse continued to guide seafarers with its steady and reliable light, while the cave's light offered comfort and hope in times of danger.

Thus, the mystery of Cascais Lighthouse was solved, and the town continued to thrive as a safe haven for lovers of the sea and the stories it held. And for Manuel, the solitude of the lighthouse was filled with the gratitude of those he had saved and the beauty of the cave he had uncovered.

O Jardim Secreto de Sintra

Numa colina coberta de névoa, escondida entre as florestas mágicas de Sintra, havia um jardim secreto conhecido apenas por alguns poucos sortudos. Este jardim, chamado de "Jardim das Maravilhas," era um lugar de mistério e encanto, onde a natureza parecia dançar em harmonia com a imaginação humana.

A história do Jardim das Maravilhas começou há muitos anos, quando um jardineiro talentoso chamado Bernardo decidiu criar um lugar único e mágico para sua amada, Clara. Ele escolheu um canto isolado da colina, onde a terra era fértil e o som de um riacho corria suavemente.

Bernardo trabalhou incansavelmente na criação do jardim, plantando flores exóticas, árvores frondosas e arbustos floridos. Ele esculpiu caminhos sinuosos e colocou bancos de madeira, onde Clara poderia descansar e apreciar a beleza da natureza. A cada dia, o jardim ganhava vida com as cores vibrantes das flores e o canto dos pássaros que ali se abrigavam.

Clara ficou encantada com o presente de Bernardo e passou horas a explorar o jardim. Ela se sentia como se estivesse em um conto de fadas, onde a realidade se misturava com a imaginação. Mas o jardim tinha um segredo ainda maior.

Uma noite, sob o luar de prata, Clara descobriu uma porta escondida no fundo do jardim. Intrigada, ela a abriu e ficou maravilhada ao encontrar um mundo ainda mais mágico do outro lado. Era um jardim noturno, iluminado por velas e lanternas, onde as flores brilhavam como estrelas.

No centro deste jardim noturno, Clara encontrou uma fonte de água cristalina. Quando ela tocou a água com a mão, viu vislumbres de sonhos e desejos que se realizariam. Clara percebeu que o Jardim das Maravilhas era um lugar onde os desejos se tornavam realidade, onde o coração e a natureza estavam entrelaçados em uma dança mágica.

Anos se passaram, e a fama do Jardim das Maravilhas se espalhou por Sintra. Os moradores locais começaram a visitar o jardim em busca de sonhos realizados e inspiração. Bernardo e Clara abriram as portas do jardim ao público, permitindo que todos experimentassem a magia que ali habitava.

O Jardim das Maravilhas tornou-se um refúgio para os amantes, um local de cura para os cansados e um santuário para os artistas em busca de inspiração. A cada estação, o jardim se transformava em um cenário de cores e aromas únicos, deixando todos maravilhados com sua beleza.

Bernardo e Clara, agora idosos, continuaram a cuidar do jardim com amor e dedicação. Eles sabiam que a magia do Jardim das Maravilhas não era apenas fruto de sua imaginação, mas sim uma conexão profunda com a natureza e os desejos humanos.

Até hoje, o Jardim das Maravilhas de Sintra permanece como um tesouro escondido, um lugar onde a magia e a realidade se encontram, e onde os corações se abrem para os segredos da natureza e da imaginação.

The Secret Garden of Sintra

On a mist-covered hill, hidden amidst the magical forests of Sintra, there was a secret garden known only to a lucky few. This garden, called the "Garden of Wonders," was a place of mystery and enchantment, where nature seemed to dance in harmony with the human imagination.

The story of the Garden of Wonders began many years ago when a talented gardener named Bernardo decided to create a unique and magical place for his beloved, Clara. He chose a secluded corner of the hill, where the soil was fertile, and the sound of a stream flowed gently.

Bernardo worked tirelessly to create the garden, planting exotic flowers, lush trees, and blooming shrubs. He carved winding paths and placed wooden benches where Clara could rest and appreciate the beauty of nature. Each day, the garden came to life with the vibrant colors of the flowers and the songs of the birds that sought shelter there.

Clara was delighted with Bernardo's gift and spent hours exploring the garden. She felt as if she were in a fairy tale, where reality blended with imagination. But the garden held an even greater secret.

One night, under the silver moonlight, Clara discovered a hidden door at the back of the garden. Intrigued, she opened it and was amazed to find an even more magical world on the other side. It was a nighttime garden, illuminated by candles and lanterns, where the flowers glowed like stars.

At the center of this nighttime garden, Clara found a crystal-clear fountain. When she touched the water with her hand, she glimpsed dreams and wishes that would come true. Clara realized that the Garden of Wonders was a place where wishes came true, where the heart and nature were intertwined in a magical dance.

Years passed, and the fame of the Garden of Wonders spread throughout Sintra. Local residents began to visit the garden in search of realized dreams and inspiration. Bernardo and Clara opened the garden to the public, allowing everyone to experience the magic that dwelled there.

The Garden of Wonders became a sanctuary for lovers, a place of healing for the weary, and a haven for artists seeking inspiration. Each season, the garden transformed into a setting of unique colors and aromas, leaving everyone in awe of its beauty.

Bernardo and Clara, now elderly, continued to care for the garden with love and dedication. They knew that the magic of the Garden of Wonders was not just a product of their imagination but a deep connection to nature and human desires.

To this day, the Garden of Wonders in Sintra remains a hidden treasure, a place where magic and reality meet, and where hearts open to the secrets of nature and imagination.

O Mistério da Livraria Encantada

No coração de Lisboa, escondida entre as vielas de paralelepípedos e os prédios antigos, havia uma livraria mágica conhecida como "A Livraria dos Sonhos". Este lugar extraordinário era muito mais do que uma simples livraria - era um portal para outros mundos, um refúgio para os amantes da literatura e um tesouro para aqueles que buscavam respostas para mistérios antigos.

A Livraria dos Sonhos era gerida por Dona Sofia, uma mulher de cabelos prateados e olhos brilhantes que parecia conhecer todos os segredos dos livros que enchiam suas prateleiras. Ela tinha um talento especial para encontrar o livro certo para cada pessoa, como se os livros tivessem vida própria.

Uma tarde ensolarada, um jovem chamado Pedro entrou na livraria. Ele estava perdido e confuso, buscando respostas para perguntas que o atormentavam há muito tempo. Dona Sofia, com um sorriso acolhedor, se aproximou e perguntou como poderia ajudar.

Pedro explicou que estava em busca de um livro muito raro, um livro que seu avô lhe mencionara antes de falecer. O avô lhe dissera que o livro continha o segredo de uma antiga lenda que envolvia tesouros escondidos nas colinas de Lisboa.

Dona Sofia pensou por um momento e, com um olhar misterioso, disse a Pedro para segui-la até a seção mais antiga da livraria. Lá, ela tirou um livro antigo com capa de couro envelhecido e folhas de papel amareladas pelo tempo. Era o livro que Pedro estava procurando.

Pedro, com os olhos arregalados de surpresa, começou a folhear o livro. Ele descobriu que o livro continha mapas antigos, histórias de navegadores e pistas enigmáticas que o levaram a crer que a lenda de seu avô era real.

Com determinação, Pedro partiu em busca dos tesouros escondidos nas colinas de Lisboa, seguindo as pistas do livro. Ele explorou cavernas esquecidas, enfrentou tempestades e descobriu artefatos antigos que haviam sido perdidos no tempo.

À medida que Pedro avançava em sua jornada, ele percebia que a Livraria dos Sonhos e Dona Sofia não eram simplesmente um ponto de partida, mas sim um guia para desvendar mistérios profundos e explorar o mundo com olhos novos.

Quando Pedro retornou à livraria após sua jornada, ele compartilhou suas descobertas com Dona Sofia, que sorriu com satisfação. Ela sempre soubera que a livraria era mais do que apenas um lugar de histórias - era um lugar de magia, onde os livros podiam abrir portas para aventuras e desvendar segredos esquecidos.

Pedro continuou a frequentar a Livraria dos Sonhos, não apenas em busca de livros, mas também em busca de sabedoria e amizade. Ele percebeu que, com a orientação de Dona Sofia e os livros como seus companheiros, ele podia enfrentar qualquer desafio que a vida lhe apresentasse.

E assim, a Livraria dos Sonhos continuou a ser um lugar de encanto e mistério, um lugar onde as histórias ganhavam vida e os segredos eram revelados, um lugar onde os sonhos se tornavam realidade.

The Mystery of the Enchanted Bookstore

In the heart of Lisbon, nestled among cobblestone alleys and old buildings, there was a magical bookstore known as "The Bookstore of Dreams." This extraordinary place was much more than a simple bookstore - it was a portal to other worlds, a sanctuary for literature lovers, and a treasure trove for those seeking answers to ancient mysteries.

The Bookstore of Dreams was managed by Dona Sofia, a woman with silver hair and sparkling eyes who seemed to know all the secrets of the books that filled her shelves. She had a special talent for finding the right book for each person, as if the books had a life of their own.

One sunny afternoon, a young man named Pedro entered the bookstore. He was lost and confused, seeking answers to questions that had plagued him for a long time. Dona Sofia, with a welcoming smile, approached and asked how she could help.

Pedro explained that he was in search of a very rare book, a book that his grandfather had mentioned to him before he passed away. His grandfather had told him that the book contained the secret of an ancient legend involving hidden treasures in the hills of Lisbon.

Dona Sofia thought for a moment and, with a mysterious look, told Pedro to follow her to the oldest section of the bookstore.

There, she pulled out an old book with a weathered leather cover and pages yellowed with time. It was the book Pedro had been searching for.

Pedro, with wide-eyed surprise, began to flip through the book. He discovered that the book contained old maps, stories of explorers, and enigmatic clues that led him to believe that his grandfather's legend was real.

With determination, Pedro set out to find the treasures hidden in the hills of Lisbon, following the clues from the book. He explored forgotten caves, faced storms, and discovered ancient artifacts that had been lost to time.

As Pedro progressed on his journey, he realized that the Bookstore of Dreams and Dona Sofia were not merely a starting point but a guide to unraveling deep mysteries and exploring the world with fresh eyes.

When Pedro returned to the bookstore after his journey, he shared his discoveries with Dona Sofia, who smiled with satisfaction. She had always known that the bookstore was more than just a place of stories - it was a place of magic, where books could open doors to adventures and unveil forgotten secrets.

Pedro continued to frequent the Bookstore of Dreams, not only in search of books but also for wisdom and friendship. He realized that, with Dona Sofia's guidance and books as his companions, he could face any challenge life presented.

And so, the Bookstore of Dreams remained a place of enchantment and mystery, a place where stories came to life and secrets were revealed, a place where dreams came true.

43

O Mistério da Estátua do Jardim

Em uma pacata cidade à beira-mar chamada São Miguel, havia um jardim público conhecido como "Jardim das Marés." Era um lugar sereno, onde as árvores antigas se erguiam orgulhosamente e o som das ondas quebrando na praia próxima criava uma melodia tranquilizante.

No centro do Jardim das Marés, havia uma estátua de uma mulher com um vestido esvoaçante, os olhos fixos no horizonte. Esta estátua era conhecida como "A Guardiã do Mar" e era o orgulho da cidade. Ela representava a proteção dos navegantes e a conexão da cidade com o oceano.

Por muitos anos, a estátua permaneceu no jardim, observando silenciosamente o mar e acolhendo os visitantes com seu olhar sereno. No entanto, em uma noite de tempestade, algo misterioso aconteceu.

Os moradores locais contaram que durante a tempestade, viram a estátua da Guardiã do Mar se mover. No início, pensaram que fosse fruto da imaginação devido ao clima tempestuoso, mas depois várias pessoas relataram o mesmo fenômeno.

A notícia se espalhou rapidamente, e a cidade ficou em alvoroço. Alguns acreditavam que a estátua estava realmente viva, enquanto outros pensavam que era apenas uma ilusão causada pela tempestade. Mas todos concordaram que algo extraordinário estava acontecendo.

Um jovem curioso chamado Tiago decidiu investigar o mistério. Ele passou horas observando a estátua, esperando ver algum movimento. A noite estava calma, e as estrelas brilhavam no céu, mas a estátua permanecia imóvel.

Tiago estava prestes a desistir quando, de repente, viu a estátua da Guardiã do Mar inclinar a cabeça levemente, como se estivesse olhando diretamente para ele. Seus olhos de pedra pareciam ganhar vida, refletindo a luz das estrelas.

Com um coração acelerado, Tiago se aproximou da estátua e a tocou. Para sua surpresa, a estátua era quente ao toque, como se tivesse uma vida interior. Ele sentiu uma conexão profunda com a Guardiã do Mar, como se ela estivesse tentando transmitir uma mensagem.

A estátua não podia falar, mas através de gestos e movimentos sutis, ela guiou Tiago até uma antiga concha quebrada que estava escondida sob as raízes de uma árvore próxima. Dentro da concha, ele encontrou um pergaminho com inscrições antigas.

Tiago decifrou as inscrições e descobriu que elas revelavam a história de um tesouro perdido nas profundezas do mar, um tesouro que poderia trazer prosperidade para São Miguel e proteção eterna para os navegantes. A Guardiã do Mar, de alguma forma, estava tentando transmitir essa mensagem há séculos.

Com a ajuda de pescadores locais, Tiago embarcou em uma jornada para recuperar o tesouro. Eles mergulharam nas águas turbulentas do mar, enfrentando desafios e perigos, mas finalmente encontraram o tesouro perdido.

Quando retornaram à costa com o tesouro, a cidade de São Miguel celebrou com alegria e gratidão. A estátua da Guardiã do Mar, agora com um olhar de satisfação, voltou ao seu lugar no Jardim das Marés, onde continuou a observar o mar e a proteger os navegantes.

O mistério da estátua do jardim permaneceu na memória da cidade, lembrando a todos que, às vezes, a magia e a conexão com o passado podem se manifestar de maneiras surpreendentes. São Miguel continuou a prosperar, e a estátua da Guardiã do Mar permaneceu como um símbolo de proteção e esperança.

The Mystery of the Garden Statue

In a peaceful seaside town named São Miguel, there was a public garden known as the "Tide Garden." It was a serene place where ancient trees stood proudly, and the sound of waves crashing on the nearby beach created a soothing melody.

In the center of the Tide Garden stood a statue of a woman with a flowing dress, her eyes fixed on the horizon. This statue was known as "The Guardian of the Sea" and was the pride of the town. It represented the protection of sailors and the town's connection to the ocean.

For many years, the statue remained in the garden, silently watching the sea and welcoming visitors with her serene gaze. However, on a stormy night, something mysterious happened.

Locals reported that during the storm, they saw the Guardian of the Sea statue move. At first, they thought it was a product of their imagination due to the stormy weather, but then several people reported the same phenomenon.

The news spread quickly, and the town was in a frenzy. Some believed that the statue was truly alive, while others thought it was just an illusion caused by the storm. But everyone agreed that something extraordinary was happening.

A curious young man named Tiago decided to investigate the mystery. He spent hours watching the statue, hoping to see some movement. The night was calm, and the stars shone in the sky, but the statue remained motionless.

Tiago was about to give up when suddenly he saw the Guardian of the Sea statue tilt her head slightly, as if she were looking directly at him. Her stone eyes seemed to come to life, reflecting the starlight.

With a racing heart, Tiago approached the statue and touched it. To his surprise, the statue was warm to the touch, as if it had an inner life. He felt a deep connection with the Guardian of the Sea, as if she were trying to convey a message.

The statue couldn't speak, but through gestures and subtle movements, she guided Tiago to an ancient broken seashell hidden beneath the roots of a nearby tree. Inside the shell, he found a parchment with ancient inscriptions.

Tiago deciphered the inscriptions and discovered that they revealed the story of a lost treasure in the depths of the sea, a treasure that could bring prosperity to São Miguel and eternal protection to sailors. Somehow, the Guardian of the Sea had been trying to convey this message for centuries.

With the help of local fishermen, Tiago embarked on a journey to retrieve the treasure. They dived into the turbulent waters of the sea, facing challenges and dangers, but they finally found the lost treasure.

When they returned to the shore with the treasure, the town of São Miguel celebrated with joy and gratitude. The Guardian of the Sea statue, now with a look of satisfaction, returned to her place in the Tide Garden, where she continued to watch over the sea and protect sailors.

The mystery of the garden statue remained in the town's memory, reminding everyone that sometimes magic and a connection to the past can manifest in surprising ways. São Miguel continued to thrive, and the Guardian of the Sea statue remained a symbol of protection and hope.

O Mistério da Rua das Laranjeiras

Na pitoresca cidade de Faro, com suas ruas estreitas e casas brancas banhadas pelo sol do Algarve, havia uma rua conhecida como "Rua das Laranjeiras." Esta rua, alinhada com árvores de laranja perfumadas, era um local tranquilo e encantador, onde a vida seguia seu curso sem pressa.

No entanto, uma manhã de primavera, os moradores da Rua das Laranjeiras acordaram perplexos. Todas as árvores de laranjeira que enfeitavam a rua haviam desaparecido misteriosamente durante a noite. Nenhum vestígio delas permanecia, exceto pelos frutos maduros que haviam caído no chão.

A notícia se espalhou rapidamente, e a cidade de Faro ficou perplexa com o mistério. Como poderiam todas as laranjeiras desaparecer sem deixar rastro? Era como se as árvores tivessem sido levadas por alguma força invisível.

Um jovem chamado Miguel, que era conhecido por sua curiosidade e amor pela cidade, decidiu investigar o mistério da Rua das Laranjeiras. Ele começou a questionar os moradores e coletar pistas que o levariam à solução.

Durante suas investigações, Miguel ouviu uma história intrigante de um pescador idoso que afirmava ter visto luzes misteriosas na rua durante a noite em que as árvores desapareceram. As luzes, segundo ele, dançavam como fadas e pareciam estar cuidando das árvores.

Intrigado pelas palavras do pescador, Miguel começou a procurar por evidências das luzes misteriosas. No entanto, ele não teve que esperar muito tempo. Na próxima noite, enquanto observava a rua, ele viu as luzes, exatamente como o pescador havia descrito.

Com cautela, Miguel seguiu as luzes até um jardim abandonado no final da Rua das Laranjeiras. Lá, ele fez uma descoberta surpreendente. As laranjeiras haviam sido transplantadas para o jardim, cuidadosamente replantadas e cuidadas pelas luzes misteriosas.

As luzes eram fadas, criaturas mágicas que haviam escolhido as laranjeiras como seu lar. Elas amavam a beleza e o perfume das árvores e, preocupadas com o bem-estar das laranjeiras, haviam decidido transplantá-las para o jardim onde poderiam florescer e crescer livremente.

Miguel, admirado com a dedicação das fadas às árvores, explicou a situação aos moradores da Rua das Laranjeiras. Eles concordaram em permitir que as laranjeiras permanecessem no jardim, onde todos poderiam desfrutar de sua beleza e colher frutos maduros.

Assim, o mistério da Rua das Laranjeiras em Faro foi resolvido, revelando o toque mágico das fadas que cuidavam das árvores com amor e carinho. A rua continuou a ser um local encantador, onde o perfume das laranjeiras lembrava a todos que a magia podia ser encontrada mesmo nos lugares mais inesperados.

The Mystery of Orange Tree Street

In the picturesque city of Faro, with its narrow streets and white houses bathed in the Algarve sun, there was a street known as "Rua das Laranjeiras" or "Orange Tree Street." This street, lined with fragrant orange trees, was a tranquil and charming place where life flowed at a leisurely pace.

However, one spring morning, the residents of Rua das Laranjeiras awoke in astonishment. All the orange trees that adorned the street had mysteriously disappeared overnight. Not a trace of them remained, except for the ripe fruits that had fallen to the ground.

The news spread quickly, and the city of Faro was perplexed by the mystery. How could all the orange trees vanish without a trace? It was as if the trees had been taken by some invisible force.

A young man named Miguel, known for his curiosity and love for the city, decided to investigate the mystery of Rua das Laranjeiras. He began to question the residents and gather clues that would lead him to a solution.

During his investigations, Miguel heard an intriguing story from an elderly fisherman who claimed to have seen mysterious lights on the street on the night the trees disappeared. The lights, he said, danced like fairies and appeared to be taking care of the trees.

Intrigued by the fisherman's words, Miguel began to search for evidence of the mysterious lights. However, he didn't have to wait long. On the next night, while observing the street, he saw the lights, exactly as the fisherman had described.

With caution, Miguel followed the lights to an abandoned garden at the end of Rua das Laranjeiras. There, he made a surprising discovery. The orange trees had been transplanted to the garden, carefully replanted and cared for by the mysterious lights.

The lights were fairies, magical creatures who had chosen the orange trees as their home. They loved the beauty and fragrance of the trees, and, concerned for the well-being of the orange trees, had decided to transplant them to the garden where they could flourish and grow freely.

Miguel, amazed by the fairies' dedication to the trees, explained the situation to the residents of Rua das Laranjeiras. They agreed to allow the orange trees to remain in the garden, where everyone could enjoy their beauty and pick ripe fruits.

Thus, the mystery of Orange Tree Street in Faro was solved, revealing the magical touch of fairies who cared for the trees with love and care. The street continued to be a charming place, where the scent of orange blossoms reminded everyone that magic could be found even in the most unexpected places.

O Segredo do Farol de Faro

Na cidade costeira de Faro, onde as águas calmas do oceano se encontram com as areias douradas da praia, havia um farol que há muito tempo guardava um segredo profundo. Este farol, conhecido como "O Farol da Esperança," era uma estrutura majestosa que guiava os navegantes com sua luz confiável.

O farol era cuidado por um faroleiro solitário chamado Manuel. Ele era conhecido por sua dedicação incansável ao farol e sua paixão pelo mar. Manuel vivia em uma pequena casa ao lado do farol e passava seus dias garantindo que a luz brilhasse de forma constante, mesmo nas noites mais escuras.

Uma noite, durante uma tempestade feroz, um estranho bateu à porta da casa de Manuel. Era uma mulher encharcada pela chuva, com olhos cansados e vestes rasgadas. Ela pediu abrigo e explicou que estava em busca de algo muito precioso, algo que estava relacionado ao farol.

Manuel, com bondade em seu coração, permitiu que a mulher entrasse e se aquecesse junto à lareira. Ele ouviu sua história intrigante. A mulher contou que sua avó, uma antiga guardiã do farol, havia lhe revelado um segredo antes de morrer. Ela afirmou que dentro do farol havia uma passagem secreta que levava a um tesouro escondido há gerações.

Manuel, embora cético a princípio, concordou em ajudar a mulher a encontrar a passagem secreta dentro do farol. Eles exploraram o farol juntos, procurando pistas e inspeccionando cada canto escuro. Finalmente, encontraram uma porta escondida atrás de uma prateleira empoeirada.

A porta se abriu para uma escadaria de pedra que levava às profundezas do farol. Eles desceram, com velas na mão, e encontraram uma câmara secreta repleta de artefatos antigos, mapas e documentos empoeirados. Era o tesouro escondido que a avó da mulher havia mencionado.

Os documentos revelavam histórias de antigos navegantes que haviam confiado no Farol da Esperança para encontrar rotas seguras. Eles também descreviam a história do farol e sua importância ao longo dos séculos.

Manuel e a mulher ficaram maravilhados com a descoberta. O farol era muito mais do que um guia para os navegantes; era um guardião de histórias e um tesouro de conhecimento.

Eles decidiram compartilhar a descoberta com a cidade de Faro. As histórias e artefatos do farol foram expostos em um museu local, permitindo que todos apreciassem a rica história do Farol da Esperança.

O farol, com seu segredo revelado, continuou a brilhar com sua luz confiável, guiando os navegantes com ainda mais orgulho e significado. E para Manuel e a mulher, a descoberta os uniu em uma amizade duradoura e na compreensão de que a verdadeira riqueza estava nas histórias que o farol tinha a contar.

The Secret of Faro Lighthouse

In the coastal city of Faro, where the calm waters of the ocean met the golden sands of the beach, there was a lighthouse that had long held a deep secret. This lighthouse, known as "The Lighthouse of Hope," was a majestic structure that guided sailors with its reliable light.

The lighthouse was cared for by a solitary lighthouse keeper named Manuel. He was known for his tireless dedication to the lighthouse and his passion for the sea. Manuel lived in a small house next to the lighthouse and spent his days ensuring that the light shone steadily, even on the darkest nights.

One night, during a fierce storm, a stranger knocked on Manuel's door. She was soaked from the rain, with tired eyes and torn clothes. She asked for shelter and explained that she was in search of something very precious, something related to the lighthouse.

Manuel, with kindness in his heart, allowed the woman to enter and warm herself by the fireplace. He listened to her intriguing story. The woman told him that her grandmother, an ancient guardian of the lighthouse, had revealed a secret to her before she died. She claimed that inside the lighthouse, there was a secret passage that led to a treasure hidden for generations.

Manuel, though skeptical at first, agreed to help the woman find the secret passage inside the lighthouse. They explored the lighthouse together, searching for clues and inspecting every dark corner. Finally, they found a hidden door behind a dusty shelf.

The door opened to a stone staircase that led deep into the lighthouse. They descended, candles in hand, and found a secret chamber filled with ancient artifacts, maps, and dusty documents. It was the hidden treasure that the woman's grandmother had mentioned.

The documents revealed stories of ancient sailors who had relied on the Lighthouse of Hope to find safe routes. They also described the lighthouse's history and its significance over the centuries.

Manuel and the woman were amazed by the discovery. The lighthouse was much more than a guide for sailors; it was a guardian of stories and a treasure trove of knowledge.

They decided to share the discovery with the city of Faro. The stories and artifacts from the lighthouse were exhibited in a local museum, allowing everyone to appreciate the rich history of the Lighthouse of Hope.

The lighthouse, with its secret revealed, continued to shine with its reliable light, guiding sailors with even more pride and meaning. And for Manuel and the woman, the discovery brought them together in a lasting friendship and the understanding that true wealth lay in the stories that the lighthouse had to tell.

O Enigma do Mercado do Bolhão

Na vibrante cidade do Porto, famosa por suas ruas estreitas e becos sinuosos, havia um mercado que sempre atraiu moradores e visitantes com sua rica herança e aroma de especiarias frescas. Este mercado, conhecido como o "Mercado do Bolhão," era um lugar onde o passado se misturava com o presente, criando um ambiente único e encantador.

O Mercado do Bolhão era cuidado por Dona Maria, uma mulher idosa e sábia que conhecia todos os segredos do mercado. Ela passava seus dias selecionando os produtos mais frescos, orientando os vendedores e contando histórias sobre o mercado que atravessavam gerações.

Um dia, uma jovem chamada Sofia visitou o mercado. Ela estava curiosa para explorar a riqueza de cores, sabores e cheiros que o Mercado do Bolhão tinha para oferecer. Enquanto passeava pelos corredores, notou uma parede coberta de azulejos coloridos, cada um deles contando uma parte da história do mercado.

Sofia ficou intrigada com um azulejo em particular que parecia esconder um enigma. Era um mosaico de cores vivas com símbolos e letras misteriosas. Quando perguntou a Dona Maria sobre o azulejo, ela sorriu com um brilho nos olhos e disse que era parte de um segredo que estava guardado há muito tempo.

Intrigada, Sofia decidiu investigar o enigma do azulejo. Ela estudou os símbolos e as letras, pesquisou a história do mercado e conversou com os vendedores mais antigos. Aos poucos, as peças do quebra-cabeça começaram a se encaixar.

Descobriu-se que o azulejo escondia informações sobre um tesouro perdido que, segundo a lenda, estava enterrado sob o Mercado do Bolhão. Muitos haviam tentado encontrá-lo ao longo dos anos, mas nenhum havia tido sucesso.

Com determinação, Sofia formou uma equipe de busca, composta por amigos e moradores do Porto. Eles começaram a escavar o solo sob o mercado, seguindo as pistas deixadas pelo enigma do azulejo.

As escavações revelaram uma rede de túneis subterrâneos que ninguém sabia que existia. À medida que exploravam os túneis, descobriram artefatos antigos, moedas raras e documentos históricos que contavam a história do Porto de séculos atrás.

No final de sua jornada, a equipe encontrou um baú antigo que continha um tesouro real, incluindo joias preciosas e objetos de valor inestimável. Era o tesouro perdido que o enigma do azulejo havia revelado.

Sofia e sua equipe compartilharam o tesouro com a cidade do Porto, exibindo-o em um museu para que todos pudessem apreciar sua beleza e importância histórica. O Mercado do Bolhão se tornou ainda mais famoso, não apenas por suas especiarias frescas, mas também por seu enigma resolvido e seu tesouro desenterrado.

Dona Maria, com orgulho, continuou a cuidar do mercado e a contar histórias sobre o enigma que havia sido desvendado. O

Mercado do Bolhão permaneceu um lugar onde a história e a tradição se entrelaçavam, e onde novas histórias continuavam a se desenrolar todos os dias.

63

The Enigma of Bolhão Market

In the vibrant city of Porto, famous for its narrow streets and winding alleyways, there was a market that always drew residents and visitors alike with its rich heritage and the scent of fresh spices. This market, known as "Bolhão Market," was a place where the past blended with the present, creating a unique and charming atmosphere.

Bolhão Market was cared for by Dona Maria, an elderly and wise woman who knew all the secrets of the market. She spent her days selecting the freshest products, guiding the vendors, and sharing stories about the market that spanned generations.

One day, a young woman named Sofia visited the market. She was curious to explore the wealth of colors, flavors, and scents that Bolhão Market had to offer. As she strolled through the aisles, she noticed a wall covered in colorful tiles, each of them telling a part of the market's history.

Sofia was intrigued by one particular tile that seemed to hide an enigma. It was a mosaic of vivid colors with mysterious symbols and letters. When she asked Dona Maria about the tile, she smiled with a twinkle in her eyes and said it was part of a secret that had been guarded for a long time.

Intrigued, Sofia decided to investigate the enigma of the tile. She studied the symbols and letters, researched the history of the market, and talked to the oldest vendors. Gradually, the pieces of the puzzle began to fit together.

It was revealed that the tile held information about a lost treasure that, according to legend, was buried beneath Bolhão Market. Many had tried to find it over the years, but none had succeeded.

With determination, Sofia formed a search team, composed of friends and Porto residents. They began to excavate the ground beneath the market, following the clues left by the tile's enigma.

The excavations revealed a network of underground tunnels that no one knew existed. As they explored the tunnels, they discovered ancient artifacts, rare coins, and historical documents that told the story of Porto from centuries ago.

At the end of their journey, the team found an old chest containing a real treasure, including precious jewels and priceless valuables. It was the lost treasure that the tile's enigma had revealed.

Sofia and her team shared the treasure with the city of Porto, displaying it in a museum for all to appreciate its beauty and historical significance. Bolhão Market became even more famous, not only for its fresh spices but also for its solved enigma and unearthed treasure.

Dona Maria, with pride, continued to care for the market and to tell stories about the solved enigma. Bolhão Market remained a place where history and tradition intertwined, and where new stories continued to unfold every day.

O Jardim das Borboletas

Nos arredores de Lisboa, em uma pequena aldeia encantadora, havia um jardim secreto conhecido apenas pelos moradores locais. Este lugar mágico era chamado de "O Jardim das Borboletas." Era um jardim exuberante, repleto de flores coloridas e árvores frondosas, onde borboletas de todas as cores e tamanhos dançavam no ar.

O segredo do Jardim das Borboletas era guardado por uma senhora idosa chamada Dona Helena. Ela era a guardiã do jardim e a única que conhecia a magia que o envolvia. Dona Helena dedicava sua vida ao cuidado das flores e à observação das borboletas, e acreditava que eram mensageiras de boa sorte.

Certo dia, um jovem chamado João mudou-se para a aldeia. Ele era um fotógrafo apaixonado pela natureza e logo ouviu falar das histórias sobre o Jardim das Borboletas. Determinado a capturar a beleza das borboletas com sua câmera, João procurou Dona Helena e pediu permissão para visitar o jardim.

Dona Helena, com um sorriso gentil, concordou em mostrar o caminho a João, mas apenas se ele prometesse tratar as borboletas com respeito e não perturbá-las. João prontamente aceitou e, sob a orientação de Dona Helena, entrou no Jardim das Borboletas.

O que João testemunhou o deixou sem fala. Borboletas de todas as cores e padrões voavam ao seu redor, pousando delicadamente nas flores e criando uma sinfonia de cores e movimentos. Ele começou a tirar fotos, capturando a magia do jardim em cada imagem.

Enquanto fotografava, João notou uma borboleta diferente das outras. Era uma borboleta dourada, cujas asas brilhavam como o sol. Ele seguiu a borboleta dourada enquanto ela o levava mais fundo no jardim.

Finalmente, a borboleta dourada pousou em uma flor especial no centro do jardim. João tirou uma foto da cena deslumbrante, mas, no momento em que a imagem foi capturada, a borboleta se transformou em uma pequena fada.

A fada sorriu para João e agradeceu por capturar sua imagem. Ela explicou que o Jardim das Borboletas era um lugar mágico onde as borboletas se transformavam em fadas quando tocavam a flor especial. A fada então revelou que João tinha a habilidade rara de ver e fotografar fadas, o que era um dom incrível.

João, maravilhado com a revelação, conversou com a fada e aprendeu mais sobre o jardim e suas histórias encantadas. Ele prometeu manter o segredo e compartilhar a beleza do jardim de maneira responsável.

Com o tempo, João se tornou um fotógrafo renomado, conhecido por suas imagens mágicas de fadas e borboletas. O Jardim das Borboletas continuou a ser um local de mistério e encanto, onde a magia da natureza se revelava a todos que o visitavam com respeito e admiração. E Dona Helena, com um sorriso satisfeito, sabia que a magia do jardim continuaria a brilhar nas gerações futuras.

The Butterfly Garden

In the outskirts of Lisbon, in a charming little village, there was a secret garden known only to the locals. This magical place was called "The Butterfly Garden." It was a lush garden filled with colorful flowers and leafy trees, where butterflies of all colors and sizes danced in the air.

The secret of the Butterfly Garden was guarded by an elderly lady named Dona Helena. She was the guardian of the garden and the only one who knew the magic that surrounded it. Dona Helena devoted her life to caring for the flowers and observing the butterflies, believing them to be messengers of good luck.

One day, a young man named João moved to the village. He was a nature enthusiast and soon heard stories about the Butterfly Garden. Determined to capture the beauty of the butterflies with his camera, João sought out Dona Helena and asked for permission to visit the garden.

Dona Helena, with a kind smile, agreed to show João the way, but only if he promised to treat the butterflies with respect and not disturb them. João readily agreed, and under Dona Helena's guidance, he entered the Butterfly Garden.

What João witnessed left him speechless. Butterflies of all colors and patterns fluttered around him, gently alighting on the flowers and creating a symphony of colors and movements. He began to take photos, capturing the magic of the garden in each image.

While photographing, João noticed a butterfly different from the others. It was a golden butterfly, whose wings shone like the sun. He followed the golden butterfly as it led him deeper into the garden.

Finally, the golden butterfly landed on a special flower in the center of the garden. João took a photo of the dazzling scene, but the moment the image was captured, the butterfly transformed into a tiny fairy.

The fairy smiled at João and thanked him for capturing her image. She explained that the Butterfly Garden was a magical place where butterflies turned into fairies when they touched the special flower. The fairy then revealed that João had the rare ability to see and photograph fairies, which was an incredible gift.

João, amazed by the revelation, conversed with the fairy and learned more about the garden and its enchanted stories. He promised to keep the secret and to share the beauty of the garden responsibly.

Over time, João became a renowned photographer, known for his magical images of fairies and butterflies. The Butterfly Garden continued to be a place of mystery and enchantment, where the magic of nature revealed itself to all who visited with respect and admiration. And Dona Helena, with a satisfied smile, knew that the garden's magic would continue to shine in future generations.